Einfache Lernprozesse im Tierreich aus der Sicht von künstlicher Intelligenz

GRIN

Bibliografische Information der Deutschen Nationalbibliothek:

Die Deutsche Nationalbibliothek verzeichnet diese Publikation in der Deutschen Nationalbibliografie; detaillierte bibliografische Daten sind im Internet über http://dnb.d-nb.de abrufbar.

ISBN: 9783346704825
Dieses Buch ist auch als E-Book erhältlich.

Druck und Bindung: Books on Demand GmbH, Norderstedt Germany
Gedruckt auf säurefreiem Papier aus verantwortungsvollen Quellen

Das vorliegende Werk wurde sorgfältig erarbeitet. Dennoch übernehmen Autoren und Verlag für die Richtigkeit von Angaben, Hinweisen, Links und Ratschlägen sowie eventuelle Druckfehler keine Haftung.

Das Buch bei GRIN: https://www.grin.com/document/1265427

Fach: Biologie
Schuljahr 2021/2022

Facharbeit

**Einfache Lernprozesse im Tierreich aus der Sicht
von Künstlicher Intelligenz**

Abgabedatum: 03.03.2022

Inhaltsverzeichnis

Vorwort

Programmieren ist seit zwei Jahren eins meiner Hobbies und nimmt somit einen großen Teil in meinem Leben ein. Bei der Wahl meines Themas war es mir wichtig, sowohl eigenes Interesse, als auch bereits vorhandenes Fachwissen zu besitzen. Das Lernen ist ein Mechanismus, welcher uns nicht nur alltäglich entgegenkommt, sondern ein Mechanismus, der für das Bestehen von Arten essentiell ist. Ein weiterer Aspekt des Lernens ist, dass es auf sowohl informatischer, als auch biologischer Seite qualitativ untersucht wird. In der Entwicklung der modernen Gesellschaft, wie wir sie heute kennen, spielt das Lernen eine immer größere Rolle. Mathematiker haben zahlreiche Formeln aufgestellt, welche das biologische Lernen auf mathematischer Ebene replizieren und somit virtuell darstellen können. Das Replizieren eines solchen Mechanismuses ist, mit den nötigen Fachkenntnissen und Erfahrung mit den zu benutzenden Werkzeugen, ein Prozess, welchen Hobby-Programmierer bereits darstellen können. Der Versuch, welchen ich innerhalb der Facharbeit nachstelle, ist außerdem ein guter Grundstein für zukünftige Projekte meinerseits und ist zudem ein vorzeigbares Projekt für ein Portfolio, welches man bei der Suche nach IT-Jobs vorlegen könnte.

Während der Ausarbeitung des Themas erhielt ich außerordentliche Hilfe von Mitgliedern sämtlicher Foren, im Bezug auf biologische und mathematische Aspekte meines Themas und die programmatische Darstellung des Versuches. Außerdem bedanke ich mich bei sämtlichen Leuten, welche mir zugehört haben, als ich über meinen Fortschritt berichtete und gegebenenfalls verbales Feedback äußerten.

1. Einleitung

In dieser Facharbeit geht es vorrangig um den Vergleich zwischen biologischem Lernen und dem Lernen von Künstlichen Intelligenzen (im folgenden KI), und ob es sinnvoll ist, diesen aufzustellen. Zunächst beschreibe ich mittels ausführlicher Quellenarbeit die Wirkungsweise neuronaler Netzwerke in den beiden thematischen Bereichen und erkläre mittels dieser Informationen, wie diese neuronalen Netzwerke lernen können. Ich vergleiche diesen Vorgang, indem ich ihn in kleinere Vorgänge teile und ein Äquivalent auf beiden thematischen Gebieten bilde. Anschließend zeige ich einen eigenen Versuch, in welchem ich ein solches Neuronales Netzwerk erschaffen habe und erläutere meine Beobachtungen und die Schwierigkeiten, die mir bei der Umsetzung dieses Versuches entgegen kamen. Danach fasse ich die gesammelten Erkenntnisse zusammen, kläre mögliche Fragen und Probleme und setze somit einen Abschluss für den Textteil meiner Facharbeit. Eine große Schwierigkeit beim Verfassen dieser Arbeit ist es, nicht zu sehr von der Thematik abzuweichen und den Inhalt auf die gegebenen 12 Seiten zu begrenzen. Besonders in der Erläuterung der Fachsprache ist es schwierig, sich auf das eigentlich Wichtige zu begrenzen, denn oftmals ist eine bessere Veranschaulichung der Fachsprache wichtig, um Verständnis aufzubauen.

2. Lernen in Data Engineering verglichen mit Lernen von KI

Allgemein, ist das Lernen von Künstlicher Intelligenz anders als das Lernen in der Biologie. Dennoch lassen sich Verbindungen zwischen diesen beiden Methoden herstellen, da das Lernen von KI von dem Lernen in Biologie inspiriert ist. Mit neueren Lernalgorithmen ist es sogar möglich, das Lernen relativ ähnlich zu gestalten. Um einen direkten Vergleich aufzustellen, ist es wichtig, diese Lernalgorithmen zu trennen und die Methoden und Bestandteile einzeln zu vergleichen.

2.1 Lernen in Biologie

Das biologische Lernen ist ausschlaggebend für das Bestehen sämtlicher Arten. Selbst Bakterienkolonien sind laut Yitzhak Pilpel (2010, Genetisch konditionierte Reaktion von Bakterien) mehr oder weniger lernfähig. In dieser Arbeit konzentriere ich mich jedoch auf das Lernen in neuronalen Netzwerken und damit nur auf Lebewesen, welche über ein Nervensystem verfügen. Zunächst ist es für die Erklärung der Funktionsweise eines solchen Nervensystems wichtig, das Folgende zu erläutern: Ein Nervensystem besteht aus kleineren Nervenzellen (Siehe Anhang, Abb. 1), welche in der Fachsprache auch Neurone genannt werden. Deren Zellkörper verfügt über mehrere kleinere Dendriten, welche an deren Ende Synapsen besitzen. Diese nehmen Reize auf und leiten diese weiter. Die Reize werden folglich über das Axon, auch Neurit genannt, an das nächste Neuron weitergeleitet. Im und um dieses Axon sind viele Ione vorhanden, welche für die Signalübertragung von großer Wichtigkeit sind. Hierbei gibt es sowohl markhaltige als auch marklose Axone. Der Unterschied besteht darin, wie der Reiz verstärkt oder geschwächt wird. Bei markhaltigen Axonen findet die saltatorische Erregungsleitung statt, welche den Reiz schneller weitergibt und damit verstärkt. Bei marklosen Axonen wird der Reiz langsamer weitergegeben und damit geschwächt. Dieser Unterschied kann ebenfalls durch Helferzellen entstehen. Oligodendrozyten und Schwannzellen bilden häufig spiralförmige Hüllen, welche man als Myelin-Scheiden bezeichnet. An diesen Stellen bildet sich ein chemisches Potential durch den potentiellen Ausgleich bereits erwähnter Ione. Ein weiterer Faktor für die Geschwindigkeit der elektrischen Weiterleitung ist außerdem die Dicke eines Axons. Dünne Axone leiten in der Regel langsamer als dicke Axone. Um das Lernen nachvollziehen zu können, kombiniert man diese Informationen nun mit einem neurowissenschaftlichen Konzept, welches man im Deutschen als Hebbsche Lernregel bezeichnet. Diese wurde 1949 vom kanadischen Psychobiologen Professor Donald Olding Hebb im Buch „The Organization of Behavior" aufgefasst. Hebb formulierte: „When an axon of cell A is near enough to excite a cell B and repeatedly or persistently takes part in firing It, some growth process or metabolic change takes place in one or both cells such that A's efficiency, as one of the cells firing B, is increased" (Hebb, The Organization of Behavior, S. 62). Das bedeutet, dass Neuron A gegenseitig mit Neuron B bevorzugter reagieren, wenn diese häufig gleichzeitig aktiv sind. Diese Regel wird auch die Hebbsche Neuroplastizität genannt und wird mit den berühmten Worten „What fires together wires together" zusammengefasst. Aus diesem Wachstumsprozess folgt eine schnellere Weiterleitung der Reize und damit sind die Neuronen hochwertiger für das Hervorrufen von Reaktionen. Passend dazu, gibt es einen umgekehrten Prozess, welcher bewirkt, dass Neuronen, die ungleichmäßig aktiviert sind, eine schwächere Verbindung besitzen. Damit dieses System funktioniert, gibt es einen biologischen Prozess namens „Spike-timing-dependent plasticity", welcher, durch das Timing von den Aktionspotentialen, die Verbindungen zwischen Neuronen anpasst. Dies wurde in einem Artikel von Harel Z. Shouval, Samuel S. H. Wang und Gayle M. Writtenberg zusammengefasst (2010, Spike timing dependent plasticity: A consequence of more fundamental learning rules). Ein geläufiger Fehler bei diesem Prozess ist, dass Neuronen, welche wirklich zur gleichen Zeit feuern, abgeschwächt werden, denn ein Neuron A hat nur dann Einfluss auf ein Neuron B, wenn er kurz vorher aktiviert ist. Dieser Prozess funktioniert indem lokale, chemische Signale durch hohe Durchlässigkeit für Calcium, dann am größten sind, wenn ein Dendrit das Signal weitergibt, wenn eine Synapse aktiv war. Außerdem sind die postsynaptischen NMDA Rezeptoren in der Lage, aufgrund ihrer Sensitivität zum Membranpotential, zufällige Aktivierungen aufzuspüren und damit den Wachstumsprozess zu vermeiden. Um zu verstehen, wie dies dazu führt, dass Lebewesen lernen, muss man sich die klassische Konditionierung angucken. Es handelt sich hierbei um eine Prozedur, welche potenten Stimulus mit neutralen Stimulus verbindet. Der Entdecker dieses Prozesses, Ivan Pavlov, hat dazu einem Hund immer dann Futter gegeben, wenn er einen Glockenton erzeugt hat. Dabei prüfte er auch regelmäßig den Speichelfluss des Hundes. Nach einiger Zeit, hatte der Hund bereits einen erhöhten Speichelfluss, wenn nur der Glockenton erzeugt wurde. Bei diesem Experiment war das Metronom ein neutraler

Stimulus und das Futter ein unkonditionierter Stimulus. Der unkonditionierte Stimulus führte immer zu einer unkonditionierten Reaktion, nämlich dem Speichelfluss, doch nach dem der Hund den neutralen Stimulus, sprich das Metronom, mit dem unkonditionierten Stimulus verbindete, führte auch das neutrale Stimulus zu einer Reaktion. Ein nachvollziehbares Beispiel für die klassische Konditionierung an uns Menschen ist die Verarbeitung des Satzes „Sag es mir bitte, ich verspreche, dass ich nicht sauer werde.". Ein großer Teil der Gesellschaft war bereits in einer Situation, in welcher sie sich entschied die Wahrheit zu sagen und das Gegenüber trotz seines Versprechens sauer wurde. Von diesem Punkt an versuchen die meisten Menschen nicht die Wahrheit zu sagen, da sie das Mitteilen der Wahrheit mit einem sozialen Misserfolg verbinden. Ein weiterer Weg zu Lernen ist die operante Konditionierung, welche von B. F. Skinner entdeckt wurde. Dieser besagt, dass Bestrafungen Verhalten abschwächen, indem sie dieses mit einer aversiven Konsequenz verbinden. In seinem Buch „The Behavior of Organisms" (1938) beschreibt er mehrere Studien zu diesem Thema.

2.2 Lernen von KI

In der Data Science wird Lernen in vielen verschiedenen Wegen interpretiert. Ein simples Beispiel ist etwa ein Model, welches durch Analyse von vorherigen Werten versucht eine Funktion zu erstellen, welche einen Mittelwert von verschiedenen Werten prognostiziert. Für den direkten Vergleich zwischen Biologie und KI ist das Beibringen von Verhaltensweisen, sogenannten „Agents", allerdings deutlich relevanter. Diese Verhaltensweisen können über unterschiedlichste Methoden beigebracht werden. Oft geschieht dies ebenfalls über ein neuronales Netzwerk (Siehe Anhang, Abb. 2), welches man als mehrlagiges Perzeptron bezeichnet. Dieses verfügt über Neuronen, welche in Ebenen angeordnet sind. So gibt es eine „Input-Layer", für über die künstlichen Sinne wahrgenommenen Werte und eine „Output-Layer", dessen Werte in Reaktionen umgewandelt werden. Alles dazwischen besteht aus „Hidden Layer", welche Tendenzen zu ausgerechneten Werten addieren und diese mit einer Funktion aktivieren. Diese Aktivierung erfolgt in der Regel durch eine Sigmoid Funktion oder durch den Hyperbolischen Tan eines Wertes. Diese Neuronen sind durch Gewichte miteinander verbunden. Der Feed Forward Prozess, also wie man mit den Inputs zu einem Output kommt, findet durch mathematische Operationen statt. Durch Inspiration aus der Biologie gibt es außerdem „Spiked Neural Networks". Diese bilden genau wie biologische Ebenbilder eine Möglichkeit den Einfluss von Neuronen aufeinander durch Aktionspotentiale zu messen und diese durch die hebbsche Lernregel zu verbinden. In diesem Fall kann man auch vom „Deep Reinforcement Learning" sprechen. „Deep" steht hier für das Vorhandensein eines neuronalen Netzwerkes und „Reinforcement" für die Verstärkung von Verhalten. Oft wird für diese Lernprozesse auch eine sogenannte „Backpropagation" verwendet. Hierbei spricht man von einer Methode, welche nach der mathematischen „Chain Rule", das neuronale Netzwerk von hinten nach vorne durchgeht, um zu berechnen, welche Gewichte am meisten zur Fehlerquote, welche durch die „Kostenfunktion" berechnet wird, beigetragen haben und somit diese Gewichte mittels Gradientenabstieg korrigiert (Pragati Baheti, 2022, A beginners guide to deep reinforcement learning). Weitere, weit verbreitete Methoden um einem Agenten bestimmte Verhaltensweisen beizubringen, sind außerdem evolutionäre Methoden wie der „genetic algorithm". Dieser instanziiert mehrere Klone von neuronalen Netzwerken, dessen Werte und Tendenzen leicht abgeändert sind und sucht das erfolgreichste neuronale Netzwerk raus, um dieses erneut zu klonen und die beste Verhaltensweise zu erlernen. Dies setzt voraus, dass dem Agent ein Ziel gesetzt ist. Besonders in den Medien ist diese Art zu Lernen verbreitet, da sie für das Erstellen eines Agents ideal ist, welcher dann einen sogenannten „Speedrun" in einem ausgewählten Videospiel durchführen kann. Zudem umgeht man damit, sämtliche komplizierte Mechanismen wie die besagte „Backpropagation". Außerdem unterscheidet man zwischen „unsupervised", also selbstständiges, und „supervised", also beaufsichtetes Lernen. Wenn man KIs beaufsichtigt, füttert man sie in der Regel mit „labeled Examples", sprich Trainingsbeispielen, welche bereits Inputs und Outputs besitzen, an denen sich die KIs orientieren. Dies kann ebenfalls über heuristische Lernmethoden funktionieren, in welchen ein Mensch ein Verfahren vorführt und die KI versucht, ähnliche Entscheidungen zu treffen. Lernt eine KI selbstständig, dann trainiert sie sich selbst mittels verschiedenster Methoden. So zum Beispiel „Reinforcement Learning". Auch diese Einteilung lässt sich mittels neueren Erkenntnissen untergliedern und erweitern.

2.3 Theoretischen Vergleich bilden

Für die Beantwortung der gegebenen Problemfrage, ist der Vergleich der beiden Themengebiete von äußerster Wichtigkeit. Allgemein lässt der Vergleich zwischen den einzelnen Bestandteilen der künstlichen neuronalen Netzwerke und biologischen Nervensysteme Interpretationsspielraum. Obwohl neuronale Netzwerke von Nervensystemen inspiriert wurden, erkennt man, dass diese sehr Unterschiedlich sind. „Birds have inspired flight and horses inspired locomotives and cars, yet none of today's transportation vehicles resemble metal skeletons of living-breathing-self replicating animals." (2018, Richard Nagfyfi, The differences between Artificial and Biological Neural Networks). Ein direkter Vergleich würde also zu vielen ungestützten Behauptungen führen. Dennoch wurden Methoden entwickelt, um das biologische Lernen möglichst akkurat darzustellen. So zum Beispiel die „Spiked Neural Networks", welche, wie bereits erwähnt, versuchen, das chemische Potential mittels simulierten Neurotransmittern nachzustellen. Das „Deep Reinforcement Learning" ist zusätzlich dem operanten Lernen nach B. F. Skinner sehr ähnlich, da es ausprobierte Verhaltensweisen mit den Attributen positiv, negativ oder neutral verbindet. Außerdem ist die hebbsche Lernregel auch als mathematische Formel vertreten, welche in einem Deep Learning Prozess eingesetzt werden kann um Inputs miteinander zu verbinden. Eine direkte Verhaltensänderung, abgesehen von der nun auftretenden Reaktion, ist hiermit, genau wie in der operanten Konditionierung, nicht zu erreichen. Sprich, es sind keine neuen Verhaltensmuster zu erkennen, welche nicht vorher bereits da waren. Auch der genetische Algorithmus lässt sich in der Natur wiederfinden, doch in diesem Fall nicht als direktes Lernen, sondern als das Bilden von Instinkten durch die darwinsche Evolutionstheorie. Auch, wenn dies nicht im gleichen Ausmaß geschieht, vererben Parentalgenerationen ihre Gene und damit auch Verhaltensweisen an die nächste Generation, welche zu einer geringen Wahrscheinlichkeit Mutationen aufweisen, die entweder schädlich oder nützlich für die Verhaltensweise ist. Via natürlicher Selektion wird dann ausgewählt, ob die gegebenen Organismen überleben oder nicht und damit ob sie sich reproduzieren können. In einem Youtube Video sagte David Randall Miller, ein Entwickler: „What reproduces reproduces. What doesn't doesn't." (2021, davidrandallmiller, I programmed some creatures. They evolved.). Selbst das beaufsichtigte Lernen findet in der Natur, in der Form von Erziehung statt. So imitieren Kinder die Bewegungen ihrer Eltern. Auch die operante Konditionierung kann beaufsichtigt stattfinden. Ein gutes Beispiel ist hierbei die Erziehung. Abgesehen davon war es Wissenschaftlern möglich, Tauben mittels operanter Konditionierung dazu zu bringen, Bilder des Künstlers Monet von denen des Künstlers Picasso zu unterscheiden. Des Weiteren spielt die Größe eines neuronalen Netzwerkes eine große Rolle im gegebenen Vergleich. Das derzeit größte bekannte neuronale Netzwerk ist GPT-3, welches über 175 Milliarden Parameter verfügt. Ein Parameter ist in etwa das Äquivalent zu einer Synapse im Menschlichen Gehirn. Das durchschnittliche Menschliche Gehirn verfügt laut der Seite Human Memory über 100 Billionen bis 1000 Billionen Synapsen (2020, Human Memory, Brain Neurons and Synapses)

3. Programmatische Darstellung des Lernprozesses

Um ein Verständnis dafür aufzubauen, zu was das programmatische Ebenbild der unterschiedlichen Lernmethoden in der Lage ist, programmierte ich in zwei Monaten zwei KIs, welche jeweils die gleiche Aufgabe lösen sollten.

3.1 Durchführung und Schwierigkeiten

Die Entwicklung der beiden KIs, erfolgte ohne jegliche Library, außer die meiner gegebenen Entwicklungsumgebungen. Als Programmiersprache wählte ich aufgrund meines Vorwissens die Programmiersprache C#. Dazu wählte ich die bekannte Game Engine Unity, für eine grafische Darstellung und einfache Handhabung der Parameter. Der Agent sollte in der Lage sein, Essen, welches als gelbes Viereck dargestellt wurde, mittels methodischer Vorgehensweisen zu entdecken. Dafür hatte er eine Art Geruchssinn und Lichtrezeptoren zur Wahrnehmung von Hell und Dunkel. Das ideale Ziel, war es, der KI beizubringen, mittels eines biologischen Mechanismusses namens Chemotaxis Essen zu finden. Chemotaxis beeinflusst die Fortbewegungsrichtung von Zellen und Lebewesen durch ein Konzentrationsgefälle, welches über einen Stoffkonzentrationsgradienten dargestellt werden kann (2021, https://medlexi.de/Chemotaxis). Das bedeutet, dass das Lebewesen versucht einer Spur von Molekülen zu folgen, indem es regelmäßig die Konzentration dieser Moleküle aufnimmt und mit der vorherigen Konzentration vergleicht. Der MSU Doktorand Joshua Franklin (2010, On the Hunt: How Bacteria Find Food), verglich diesen Prozess mit der Vorstellung, in einer Sporthalle, mit einer Augenbinde, frisch gebackene Kekse zu finden. Neben der Chemotaxis wäre die andere Variante, das Essen mittels der Lichtsensoren über die Helligkeit zu finden, in welcher das Essen am häufigsten erscheint. Um dieses Ziel zu erreichen, programmierte ich ein klassisches neuronales Netzwerk, welches umgehend einwandfrei funktionierte. Der schwierigere Aspekt lag darin, einen funktionierenden „backpropagation" Algorithmus zu programmieren. Diesen teilte ich in zwei Funktionen auf. Eine Funktion, welche, mittels der Kettenregel, das Derivat der Cost in Respekt zum Output jedes Neurons berechnete und eine Funktion, welche die Fehlerrate jedes Gewichts und jeder Tendenz mittels Gradientenabstieg berechnete und diese korrigierte. Besonders schwierig fiel mir dabei die Interpretation mathematischer Formeln in Computercode. Durch die Ungenauigkeit dieser Methode führte ich einen Parameter ein, welcher dafür sorgte, dass diese Funktion mehrmals hintereinander berechnet wurde. Dies wiederum führte zu technischen Schwierigkeiten. Während die CPU meines Computers in der Lage war, diese Berechnungen hunderte Male in der Sekunde durchzuführen, hatte mein Laptop Probleme mit der Darstellung dieser, welche sich in Form von sogenannten „Framedrops" widergespiegelt haben. Eine weitere schwere Aufgabe mit hohem Fehlerpotential war es, sämtliche Parameter richtig einzustellen. So beispielsweise das Momentum, welches sich bei dem Deep Learning Versuch periodisch erhöhte und folglich ein idealen Output erstellte, welcher versucht, die letzte Bewegung in Zukunft zu vermeiden, und zukünftige Werte mittels „Backpropagation" zu optimieren. Dieses Momentum konnte durch einen gewerteten Wechsel in Umweltbedingungen abgeschwächt werden und bei dem Finden von Essen auf null gesetzt werden. Im zweiten Versuch, entzog ich der KI besagtes Momentum und fügte stattdessen einen Wert hinzu, welcher bestimmte, in welchem Ausmaß der Agent selbst entdeckte oder sein Wissen ausnutzte. Beide KIs verfügten über die Fähigkeit, Stimuli und aversive Stimuli in Form von Belohnungen oder Bestrafungen wahrzunehmen. Folglich war der Prozess der operanten Konditionierung deutlich näher.

3.2 Beobachtung und Deutung

Die erste auffällige Beobachtung ist, dass das vorgegebene Ziel von beiden Agenten nicht erreicht wird. Dennoch ist ein Lernprozess, in Form einer Verhaltensänderung, bei beiden Agenten zu beobachten. Bei dem ersten Agent, bei welchem nur „backpropagation" genutzt wurde, ist zu beobachten, dass dieser sein Verhalten in mehreren Phasen ändert. Der Agent fängt damit an, sich in eine zufällige Richtung zu bewegen. Das liegt primär daran, dass die Gewichte von Anfang an zu ungleichmäßig verteilt sind. Durch das Momentum wird die präferierte Richtung vermieden und der Agent wählt eine andere Richtung, bis diese ebenfalls vermieden wird. Dieser Prozess dauert so lange an, bis der Agent beginnt, sich im Kreis zu drehen. Durch das sich ständig verändernde Momentum, bewegt sich der Agent zufällig in mehrmals in eine Richtung und findet so aus Zufall Essen. Die Stimuli, die daraus folgen, ändern erneut das Verhalten und der Agent präferiert nun die zuletzt betätigte Bewegung. Der Grund dafür ist zunächst die geringe Einwirkung welche die Umweltfaktoren, durch die zufällige Wertung der Gewichte und Tendenzen, auf das Ergebnis des „Feedforward" Prozesses haben. Auch nach manueller Änderung der Wertung der Umweltfaktoren ist das Ergebnis ungenau. Das liegt an der Sigmoidfunktion der Neuronen, welche jegliche Werte auf ein Maximum von 1.0 und ein Minimum von 0.0 stellt. Mit einer Anpassung der Parameter ist es jedoch möglich, dieses sich widerholende Verhalten zu umgehen. Doch selbst dann ist es nicht möglich, einen effektiven Zwischenweg zwischen dem Anfang, an welchem die KI selten etwas findet und dem Ende, an welchem die KI öfter etwas findet, herauszufinden. Stellt man nämlich die Parameter auf einen effektiven Anfang, so kann das weitere Lernverfahren darunter leiden, während es bei einem effektiven Ende am Anfang zu selten Essen finden wird um dieses Verhalten zu lernen. Allgemein fehlen hier die Instinkte, welche bei biologischen Lebewesen durch die darwinsche Evolution bereits vorhanden sind und somit eine Basis für zukünftige Lernverfahren bieten. Dies könnte durch einen genetischen Algorithmus durchaus umgesetzt werden, doch würde ein solcher Algorithmus für die gegebene Aufgabe bereits reichen. Ein gutes Beispiel ist eine KI des Entwicklers Code Bullet, welche nur mittels des genetischen Algorithmus versucht, bei dem Spiel „Snake" so viele Punkte wie möglich zu erreichen. Auch bei der zweiten Version meines Agentens ist dies der Fall. Dieser fängt an, sich rapide zu entwickeln. Diese Entwicklung scheint jedoch nicht lange anzudauern, denn der Agent ändert sein Verhalten nach einer bestimmten Zeit nur temporär und sehr schwach. Auch hier kann die Struktur des Lernprozesses zu diesem Ergebnis beitragen. Um solche Fehler zu vermeiden, nutzt man in der Regel Formeln zur Berechnung der Qualität sämtlicher Züge. Vorgefertigte Toolkits für solche Berechnungen zu nutzen reduziert nicht nur den Aufwand, sondern sorgt für ein weitaus besseres Ergebnis. Im Bezug auf meinen Versuch wäre eine solches Toolkit „ML agent". Während das Programmieren eines Agenten mittels „ML Agent" deutlich einfacher fällt, entstanden für mich Probleme bei der

Installation der Python Version dieses Toolkits, welche dazu führten, dass ich das Training nicht in Aktion sehen konnte. Das Experiment zeigt, dass die Darstellung des biologischen Lernens zwar in gewisser Weise von Menschen ohne Erfahrung in Data Engineering dargestellt werden kann, diese jedoch leistungstechnisch ineffizient sind und praktisch unvollkommen. Das liegt primär auch daran, dass KIs dieser Art bereits Vorwissen im Thema Data Engineering benötigen. Dies bezieht sich nicht nur auf verfahrenstechnische Erfahrungen, wie das Erlernen von für das Programmieren von KI praktischeren Programmiersprachen wie R oder Python, sondern auch mathematische Kenntnisse, wie die Anwendung der Kettenregel und ein Verständnis für Gradientenabstieg. Obwohl ich in der Zeit der Programmierung dieser KIs ein gewisses Verständnis aufgebaut habe, reicht dies nicht, um die KIs vollkommen zu verstehen und dementsprechend zu optimieren.

4. Schlussfolgerungen

Zusammenfassend lässt sich also sagen, dass künstliche Intelligenzen durchaus in der Lage sind, den Lernprozess eines biologischen Lebewesens nachzustellen. Die Methoden, die hierbei verwendet verwendet werden, finden auch in der regulären Data Science ihren Gebrauch, jedoch sind andere Methoden für andere Begebenheiten und Ziele deutlich besser. Ein einleuchtendes Beispiel hierfür sind KIs, welche versuchen, mittels beaufsichtigten Lernen Verhaltensweisen zu ändern, zukünftige Werte vorherzusagen oder Daten zu verwalten. Für leichtere Aufgaben ist die Hilfe von Menschen deutlich effektiver, als eine Methode, bei der die KI versucht alles von alleine zu lernen. Als Beispiel für so eine KI wird oft eine KI verwendet, welche Bilder von Zahlen oder Buchstaben verschiedener Schriftarten zu interpretieren versucht. Diese würde mit Bildern „gefüttert" werden, welche bereits von Menschen interpretiert wurden. Das Ergebnis wäre deutlich präziser als bei einer KI, welche versucht, ohne jegliches Vorwissen, diese Bilder zu gruppieren. Im Gegensatz dazu sind KIs, welche mittels biologisch akkuraten Methoden, wie der operanten Konditionierung, lernen, jedoch in der Lage, Menschen in verschiedensten Aufgaben zu übertreffen. So zum Beispiel die mittels „Google DeepMind" erstellte KI namens AlphaGo, welche in dem Brettspiel „Go", den mehrfachen Europameister Fan Hui besiegte. Dies lässt sich einfach nachweisen, indem man sich die unterschiedlichen Methoden anschaut und den Nutzen vergleicht. Dennoch sind die Möglichkeiten, welche mittels künstlicher Intelligenz offen stehen deutlich begrenzt. So zum Beispiel das Ausmaß, in welchem eine künstliche Intelligenz lernt. Im Normalfall werden künstliche Intelligenzen für eine bestimmte Aktivität trainiert, welche sie im Idealfall perfektionieren. Anders als die meisten Lebewesen, sind diese KIs jedoch nicht in der Lage, ihr Wissen auf andere Aktivitäten zu übertragen. Das liegt vorerst an dem Ausmaß, welches das Gehirn sämtlicher Lebewesen umfasst. Obwohl hier nicht nur die Leistung neuester Prozessoren zu gering ausfällt, sondern auch der Aufwand, welcher durch das Programmieren einer solchen KI entsteht, stetig wächst, so wird es dennoch möglich sein, immer komplexere Lernalgorithmen zu programmieren. Dies lässt sich durch den Verlauf der letzten Jahre veranschaulichen. Während immer mehr Toolkits wie „ML agents" entstehen und die Leistung moderner Prozessoren stetig steigt, so steigt auch die Anzahl der Leute, welche sich mit diesem Thema beschäftigen. Das chinesische Tencent Research Institut, besagt, dass Weltweit etwa 300.000 Leute, sogenannte „AI Engineers" sind. (2017, The Verge, Tencent says there are only 300.000 AI engineers worldwide but millions are needed). Ein Artikel von Actuaries Digital bestätigt zudem den explosionsartigen Aufstieg des AI Engineering seit dem Jahr 1993. Es lässt sich also sagen, dass sich die Methodik des Nervensystems zwar nachbilden lässt, die technischen Faktoren sich jedoch jenseits des benötigten Ausmaßes befinden.

Anhang

Durchführung des Experiment (OneDrive Link):

https://1drv.ms/v/s!AilmtUgPBAtvmWCP38mO1M9fp8QG?e=bbst37

Veranschaulichung der Kommunikation zwischen Neuronen (Abb. 1):

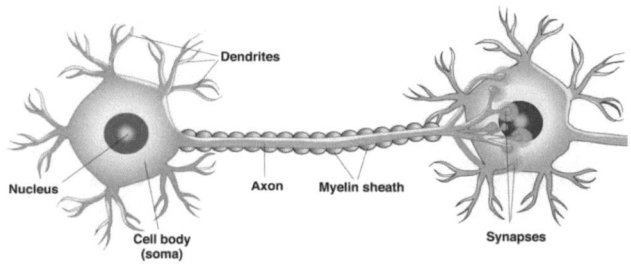

Bildquelle: https://biologydictionary.net/axon-terminal/

Veranschaulichung eines Neuronalen Netzwerkes (Abb. 2):

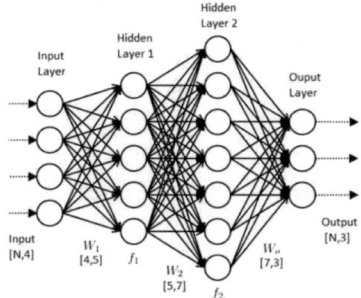

Bildquelle:

https://medium.com/@dhavalbagal99/building-your-own-neural-network-fr

om-scratch-understanding-the-complex-maths-behind-it-89d0d9361196

Literaturverzeichnis

Hebb, D. (1949). The Organization of Behavior. A Neuropsychological Theory (1. Auflage). New York: JOHN WILEY & SONS, Inc.

Pilpel, Y. (2009). Genetisch konditionierte Reaktion von Bakterien. Zugriff am 28.02.2022. Verfügbar unter https://sciencev1.orf.at/news/156265.html

Shouval, H. & Wang, S. & Writtenberg, G. (2010). Spike timing dependent plasticity: a consequence of more fundamental learning rules. Zugriff am 01.03.2022. Verfügbar unter https://pubmed.ncbi.nlm.nih.gov/20725599/

Skinner, B. (1938). The Behavior of Organisms. An Experimental Analysis (1. Auflage). New York: Appleton-Century-Crofts

Nagyfi, R. (2018). The Differences between Artificial and Biological Neural Networks. Zugriff am 30.11.2021. Verfügbar unter https://towardsdatascience.com/the-differences-between-artificial-and-biological-neural-networks-a8b46db828b7

Miller, D. (2020). I programmed some creatures. They evolved. Zugriff am 20.11.2021. Verfügbar unter https://www.youtube.com/watch?v=N3tRFayqVtk

Schmelzer, R. (2021). GPT-3. Zugriff am 02.03.2022. Verfügbar unter https://www.techtarget.com/searchenterpriseai/definition/GPT-3

The Human Memory. (2020). Brain Neuron and Synapses. Zugriff am 10.12.2021. Verfügbar unter https://human-memory.net/brain-neurons-synapses/

Vincent, J. (2017). Tencent says there are only 300.000 AI Engineers worldwide, but millions are needed. Zugriff am 27.12.2021. Verfügbar unter https://www.theverge.com/2017/12/5/16737224/global-ai-talent-shortfall-tencent-report

Baheti, P. (2022). The Beginners Guide to Deep Reinforcement Learning [2022]. Zugriff am 06.01.2022. Verfügbar unter https://www.v7labs.com/blog/deep-reinforcement-learning-guide

Failli. V (2013). Wie funktioniert ein Neuron? Zugriff am 10.12.2021. Verfügbar unter https://www.wingsforlife.com/de/aktuelles/wie-funktioniert-ein-neuron-561/